Novena para quem quer se libertar dos vícios

Felipe G. Alves

Novena para quem quer se libertar dos vícios

EDITORA
VOZES

Petrópolis

© 2014, Editora Vozes Ltda.
Rua Frei Luís, 100
25689-900 Petrópolis, RJ
Internet: http://www.vozes.com.br
Brasil

Todos os direitos reservados. Nenhuma parte desta obra poderá ser reproduzida ou transmitida por qualquer forma e/ou quaisquer meios (eletrônico ou mecânico, incluindo fotocópia e gravação) ou arquivada em qualquer sistema ou banco de dados sem permissão escrita da editora.

Diretor editorial
Frei Antônio Moser

Editores
Aline dos Santos Carneiro
José Maria da Silva
Lídio Peretti
Marilac Loraine Oleniki

Secretário executivo
João Batista Kreuch

Editoração: Fernando Sergio Olivetti da Rocha
Projeto gráfico: Sheilandre Desenv. Gráfico
Capa: Omar Santos

ISBN 978-85-326-4714-6

Editado conforme o novo acordo ortográfico.

Este livro foi composto e impresso pela Editora Vozes Ltda.
Rua Frei Luís, 100 – Petrópolis, RJ – Brasil – CEP 25689-900
Caixa Postal 90023 – Tel.: (24) 2233-9000
Fax: (24) 2231-4676

Introdução

O vício existe e ele insiste em alargar seus domínios até os confins do universo. Quantos e quantos filhos de Deus que lutam para sair do jugo das drogas, sejam elas cigarro, bebida, maconha ou coisas piores, e não estão conseguindo! Apesar de toda a boa vontade, sentem-se escravos de um desses males, mesmo sabendo dos prejuízos que causam a si e à família que amam. Sem maldade ou sem perceber, foram perdendo a liberdade, e, quando descobriram em que abismo caíram, já era tarde. – No entanto, **para todo e qualquer mal existe uma saída rumo a uma alta montanha, que vale a pena ser escalada.** Veja um fato:

Um dia, um triste cortejo seguia em direção ao cemitério. Levavam um jovem, até há pouco cheio de energia; mas agora, frio, pálido, sem vida.

Acontece que outro cortejo veio ao encontro e dele se destacava um homem de muito poder. Era Jesus. De imediato, Ele se dirigiu à mãe deste jovem e lhe disse: "Não chore!" Pediu aos que levavam o caixão que parassem. Então, do silêncio ergueu-se uma voz: "Jovem, eu lhe ordeno: Levante-se!" De imediato, ouviram-se gritos de alegria e uma mãe, agora em lágrimas de emoção, abraçou o filho ressuscitado. – Gente, isso é lindo.

Realmente esse Jesus tem todo poder no céu e na terra. Não só poder. Seu amor é tão grande que teve a coragem de derramar todo o seu sangue só para nos salvar.

Mas, como Ele é bom, não nos obriga a nada. Deixa-nos livres para escolher o caminho da felicidade ou da desgraça. Ele apenas diz: "Venham a mim vocês todos que estão cansados e sobrecarregados e eu lhes darei descanso"! (Mt 11,28).

Por maior que seja sua desgraça, saiba que o poder dele é ainda maior. Por isso, aproveite a ocasião e encha-se de coragem! À sua frente se erguem as belezas de um monte, chamado Tabor. Veja o que lá aconteceu, conforme a narração de Marcos: "Jesus tomou consigo Pedro, Tiago e João e os levou a sós para um monte alto e afastado. E **transfigurou-se diante deles**.

Suas vestes ficaram brilhantes e tão brancas como nenhuma lavadeira do mundo as pode branquear. Apareceram-lhes Elias e Moisés conversando com Jesus. Pedro tomou a palavra e disse a Jesus: 'Mestre, é bom estarmos aqui! Vamos levantar três tendas: uma para o Senhor, uma para Moisés e uma para Elias'". [...] Formou-se então uma nuvem que os envolveu. E da nuvem uma voz se fez ouvir: 'Este é o meu Filho amado. Escutem-no" (Mc 9,2-7).

Se você está preso a uma planície, debatendo-se sob o peso de vícios e mais vícios, comece a vislumbrar essa linda montanha à sua frente! Veja que dela jorram alegria, muita luz e plena felicidade! Para escalá-la são apenas sete patamares e em nove dias você estará lá em cima.

Esta novena, repleta da Palavra de Deus e de preces, tem um poder extraordinário. Trata-se de uma novena para ser meditada e rezada com fé, pois aquele que falou "peçam e vão receber; busquem e vão achar" tem todo o poder. Ele está de braços abertos esperando por você, para que sua escuridão se transforme em luz e a sua tristeza desapareça, dando lugar à grande alegria em poder proclamar: "Jesus é poderoso. Foi seu amor que me salvou". – Então, vamos começar!

1º dia – Suba hoje dois patamares galgando sua montanha: admita que é viciado e acredite no poder divino, capaz de lhe dar a cura completa

Oração inicial (veja no início da novena)

Jesus: Meu filho, a quem muito amo e aprecio! Conheço sua aflição e venho lhe trazer vida, e que a tenha em abundância. Eu quero preencher o vazio que há em você e enchê-lo de alegria, a mais completa.

Você: Senhor Jesus, eu também amo o Senhor, e a esperança está querendo começar a raiar dentro de mim. Mas "sei que em mim, isto é, na minha carne, não mora o bem: pois querer o bem está em mim, mas não sou capaz de fazê-lo. Não faço o bem que quero e sim o mal que não quero" (Rm 7,18-20). Admito que sou impotente perante o vício e que perdi o domínio sobre minha vida. Admito também que este é o momento de recomeçar, confiando no poder que o Senhor tem.

8

Jesus: Meu filho, o que eu disse no tempo antigo eu repito hoje para você: "Eu seguro você pela mão direita. Não tenha medo; eu mesmo vou lhe ajudar" (cf. Is 41,13). Existe uma montanha linda, onde impera a liberdade, a alegria e muita luz. Para escalá-la você deve subir sete patamares. O primeiro patamar você já conquistou no momento em que admitiu ser viciado. O segundo patamar você escala na hora em que acreditar em meu poder, infinitamente superior, capaz de devolver-lhe a cura completa. Eu estou vivo, agindo através de sua Igreja. Eu estou vivo, agindo nos grupos e nas comunidades de recuperação. Sem medo, entregue-se em minhas mãos!

A sabedoria sussurra em seu coração: Entregue seu caminho a Jesus! Nele confie e Ele vai agir. Ele está perto de todos aqueles que o invocam, de todos os que o invocam sinceramente. Ele realiza o desejo dos que o amam, ouve o grito deles e os salva (cf. Sl 145,18-19).

Jesus: Na oração do Pai-nosso, eu ensinei a pedir o pão só para hoje e não para todos os dias de sua vida. Assim também você, procurando a virtude da sobriedade, não me prometa ser fiel todos os dias de sua vida. Prometa-me ser sóbrio **só no dia de hoje**. Amanhã já é outro dia. Sei que amanhã você vai renovar a mesma promessa. O importante é que você **hoje** não dê nenhum passo em direção ao vício que você quer banir.

Você: Jesus, eu me abrigo no dia de hoje à sombra de suas asas. Cheio de confiança eu me coloco em suas mãos, sentindo o aroma desse segundo patamar. Pode acreditar: Eu decidi entregar a minha vida aos cuidados do Senhor, pronto para fazer a sua santa vontade.

Oração final: (veja no final da novena)

2º dia – Terceiro patamar: ame a si mesmo

Oração inicial (veja no início da novena)

Jesus: Meu filho, a quem eu muito amo e aprecio! Vamos em frente, pois eu quero preencher o vazio que há em você e enchê-lo de alegria, a mais completa! Se havia necessidade de consumir o que lhe era prejudicial, não era bem você que a sentia, mas sim a sua necessidade de ser reconhecido e amado. Então, anestesiado, você tentava sentir euforia. Euforia sim, mas seguida de terrível angústia e depressão.

Você: Tristemente, eu não sou nada. Não passo de uma pessoa cheia de fracassos.

Jesus: Esse seu modo negativo de pensar é o que torna sua vida insuportável. Como é importante você começar a se valorizar e sentir-se mais importante! É a sua desvalorização que o transformava em dependente e escravo dos vícios. Acha você que essa fuga vai lhe trazer a realização de seus sonhos e fantasias? Ah se você percebesse o quanto eu o aprecio! Se assim é meu amor por você, por que você não começa também a gostar de si mesmo?

Você: Não compreendo por que sou tão precioso assim, se eu não amo ninguém. Muito menos a mim mesmo.

Jesus: Como é importante amar o próximo **como a si mesmo**! Além do mais, não se esqueça de que você é uma faísca do meu amor. Se você se amar de verdade, você entra em comunhão com o todo e tudo começa a fluir em sua vida.

Você: Estou feliz com suas palavras. Mas, indica-me o caminho para que eu comece a me amar.

Jesus: Em silêncio, faça um momento de interiorização. Assim, sozinho, procure descobrir todas as suas boas qualidades! Comece descobrindo a beleza de seus olhos e de seu sorriso! Descubra a perfeição do seu corpo! Vá adiante e procure descobrir todas as suas boas qualidade! Coragem! (*Momento de silêncio, pondo em prática o que Jesus lhe pediu. Depois de alguns minutos, comece a sorrir e a louvar ao Deus que o enriqueceu com todos esses valores.*)

Testemunho de alguém que se libertou, com a força do alto: *Este testemunho se encontra no site http://gojcn.wordpress.com/2010/01/12/testemunho-de-um-jovem/. Ele vem do Paulo Simeão do Nascimento, trazido aqui de modo mais resumido:* "Sempre fui de uma família católica. [...] Ia à igreja e gostava de estudar. Com meus 14-15 anos fui ficando independente, comecei a ir para festas, afastar-me da família e dos bons amigos. [...] Ainda criança já fumava cigarro porque achava bonito". *Após falar como chegou ao álcool e às outras drogas, ele continua:* "A coisa foi só se agravando. Meu dinheiro só dava para as drogas, bebidas, festas e prostituição. Comecei a tratar mal a minha família que queria que eu saísse daquela vida". *Além de tudo isso,* *após dez anos, ele foi conhecer o crack, droga muito mais química e alucinadora, com um efeito muito mais rápido. Esta não o deixava dormir nem comer. Dominado pela droga, chegou ao fundo do poço, sem amor a ninguém, muito menos a si mesmo. Sem amigos, dias e noites sem comer e sem dormir, achando-se abandonado por Deus, desejava suicidar-se, até o dia em que brilhou uma luz no fim do túnel.*

"Convidaram-me para conhecer a comunidade católica Shalom. Comecei a rezar, participar de reuniões e ver testemunhos de pessoas que tinham passado pelo que eu passei e conseguiram sair. Essa experiência me ajudou muito, mas precisava me retirar daquela cidade, pois morando naquele lugar não conseguia tomar uma decisão definitiva". *Então, Paulo Simeão foi se tratar na Fazenda Esperança. Esta entidade usa o método "trabalho e oração", mais a amizade e o testemunho dos colegas que mostravam que para Deus tudo é possível. Hoje, após descobrir suas boas qualidades e amando a si mesmo, ele leva uma vida nova.* "Estou trabalhando, indo às missas, rezando o terço; reconquistei o amor da minha família, que é meu maior tesouro. A alegria voltou ao meu coração e me sinto um homem novo. Agradeço a Deus por ter me tirado daquela vida imunda. Foram 20 anos numa escravidão, mas agora vivo sob a luz da Palavra de Deus que diz: "Eis que faço novas todas as coisas" (Ap 21,5).

Oração final: (veja no final da novena)

3º dia – Quarto patamar: perdoe e ame todos que o ofenderam!

Oração inicial (veja no início da novena)

Jesus: Meu filho, a quem eu muito amo e aprecio! Vamos em frente, pois eu quero preencher o vazio que há em você e enchê-lo de alegria, a mais completa!

Você: Gostaria de crer nisto tudo. Mas quantas vezes eu já clamei e não fui atendido! Afinal, o que fiz eu para me ver tão perdido assim?

Jesus: O ressentimento que você guarda contra todos aqueles que o entristeceram é que o faz escravo do vício. De fato, a falta de perdão estraga tudo. Só o amor constrói. Para você eu repito o que disse lá na Galileia: "Amem seus inimigos e orem pelos que os perseguem, para serem filhos de seu Pai que está nos céus. Porque Ele faz nascer o sol para bons e maus, e chover sobre justos e injustos" (Mt 5,44-45). O perdão vai libertá-lo desta triste escravidão.

Você: Ó Jesus, não me permita deixar fora de meu amor um só de seus filhos? Como o Senhor é bom! Deu-me a mão e eu pude escalar três patamares. Agora, para escalar o quarto patamar o Senhor não me pede somente que eu perdoe, mas também que eu ame o meu inimigo. Eu vou perdoar porque quem me ofendeu talvez carregasse problemas que eu desconheço; é possível que quem me causou tanta dor não tenha pensado nas consequências de sua atitude. Então, Senhor, dê-me a força para que isso aconteça.

Testemunho de Douglas, de 24 anos, residente na Comunidade Católica Vida Nova, que se libertou com a força do alto (08/09/2010): *Já aos 17 anos, esse jovem experimentou a maconha. Daí surgiu a cocaína, que o levou ao tráfico e do tráfico à cadeia. Não só transformou sua casa em ponto de uso e de venda de droga, mas mergulhou no crack, perdendo todo o con-*

trole do vício, perdendo o emprego e todo o dinheiro. Acusado injustamente de ter feito um grande assalto, veja as consequências: "Estava eu em minha casa e, de repente, encostou um carro com alguns caras dentro e começaram a me xingar, me cataram pelo braço e me jogaram dentro do carro. Ali mesmo começaram a me bater e levaram-me para um lugar distante da cidade, no meio do canavial. Tiraram-me do carro e me espancavam, apontando armas e perguntando sobre o assalto. Dizia que não sabia de nada, mas não paravam de bater. Quebraram meu braço e ainda procuravam uma corda para me amarrar e arrastar atrás do carro. Mas, por Deus que já tinha um plano de salvação para mim, não conseguiram achar a corda e deram-me como morto, indo todos embora".

Douglas, sem casa onde morar, na pior das misérias, resolveu voltar para a casa de seu irmão, em Araras. Aí descobriu a Comunidade Católica Vida Nova, que lhe deu todo o apoio necessário para sair desta vida de trevas. Então, ele conheceu Jesus Cristo, o único capaz de encher de força para perdoar e preencher o vazio que trazia dentro de si.

"Descobri que Jesus veio para buscar e salvar aqueles que estavam perdidos e eu era um destes, quase morto. [...] Hoje sou livre, pois estou com Cristo. [...] Fiz um voto de compromisso com a Comunidade e estou trabalhando pela evangelização de outros jovens que estão na mesma situação em que eu estava. [...] Deus é a minha fortaleza e motivo de viver. A paz de Jesus Cristo a todos!" – www.comunidade vidanova.net/nwes

Oração final: (veja no final da novena)

4º dia – Degustando da beleza do quarto patamar: o amor conduz ao perdão

Oração inicial (veja no início da novena)

Testemunho de alguém que se libertou, com a força do alto: *Fabrício nasceu em 1987 e morava em Pindamonhangaba (SP). Dos 9 aos 13 anos praticou ginástica olímpica e fez a Primeira Comunhão e a Crisma como qualquer adolescente. Grande desilusão e revolta sobreveio a ele quando seu pai abandonou sua mãe pela segunda vez. Isto tudo foi para o rapaz como se seu herói tivesse morrido e ele passou a beber. Não ficou* *nisto. Com 16 anos, ofereceram-lhe maconha.* "Eu que estava na fase da curiosidade aceitei, gostei muito e continuei usando. [...] E, no meio das drogas, também vieram as brigas, a prostituição e tudo de pecado que o mundo oferece. Por fim, a maconha já não fazia mais efeito para mim. Então, experimentei a cocaína e também o *crack* e passei a usá-los frequentemente. Numa véspera de Páscoa, o Lucas, meu irmão, e eu estávamos na casa de um amigo e nesse dia consumi tanto crack que caí no chão a ponto de quase ter uma overdose e morrer. Nesse momento, caído no chão, rezei e pedi a Deus que me salvasse. No dia seguinte, fui à missa da Páscoa e até hoje, graças a Deus, nunca mais bebi nem usei nenhum tipo de droga. Digo que ressuscitei juntamente com Cristo. [...] Hoje, graças a Deus, nós vivemos superbem e devemos tudo isso à Comunidade Alicerce, que é uma obra de Deus, onde encontrei forças para mudar e permanecer fiel ao Senhor" (Fabrício Ferreira Máximo, membro efetivo da Comunidade Alicerce) – www. comunidadealicerce.com.br

Exercício prático de perdão a cada uma das faltas ou das ofensas que seus inimigos lhe fizeram (*Leia todo o exercício e, a*

seguir, ponha-o em prática). Primeiro, feche os olhos e visualize Jesus, junto com você e com cada uma das pessoas das quais você guarda mágoa. Contemple como Jesus as ama. Depois, implore de Jesus o dom de você perdoar a cada um desses ofensores. Depois, dirija-se ao primeiro deles e perdoe falta por falta que ele fez contra você, dizendo-lhe: "Você me fez isso e me fez aquilo e eu perdoo você, por amor de Jesus". Para terminar, faça o mesmo com o segundo ofensor, depois com o terceiro, e assim por diante.

Tempo de silêncio (alguns minutos), para o importante *exercício de perdão*. Depois de lavar a alma com esse exercício, exulte de alegria, degustando o frescor do quarto patamar. Enquanto isso, entoe uma linda melodia que você gosta.

 Oração final: (veja no final da novena)

5º dia – Quinto patamar: descubra o valor da harmonia familiar

 Oração inicial (veja no início da novena)

Testemunho de alguém (cujo nome fictício é "Rafael") **que Cristo libertou:** "Minha nova vida começou quando meu pai foi levado para o céu, pois ele não acreditava em nada e, na hora de sua morte, chamou por várias vezes o santo nome, Jesus. [...] A saudade dele a cada dia aumentava, pois era meu melhor amigo". *Que bom que uma jovem, tal qual um anjo, entrou na vida dele, já dominado pelo vício da droga. Ela o levou a um retiro de cura interior, onde ele teve o seu primeiro contato com Deus. No momento em que o padre passou com o Santíssimo Sacramento perto dele, alguma coisa aconteceu:* "Gente, acredite que foi nesse momento que a graça de Deus me libertou completamente desta dependência química e psíquica das drogas. Após esse dia eu nunca mais me droguei e, graças a Deus, converti-me e mudei dia a dia a minha vida. Essa pessoa que me levou era minha namorada, hoje minha noiva e, daqui a um mês, se Deus quiser, será minha esposa, pois vamos nos casar. Hoje, livre das drogas, sou uma pessoa muito melhor. Fisicamente: pratico esporte, no qual sou campeão paulista. [...] Espiritualmente: sou católico praticante, sou músico no coral da comunidade e amo minha Igreja.

Que este testemunho de vida sirva apenas para confortar a todos, pois todos nós passamos por dificuldades!" (http://www.vida bemvivida.com.br/extras/depoimento/depoimento.html).

Jesus: Filho, eu estou muito contente ao ver tanta gente subindo os patamares da montanha da felicidade. Entre eles você também é um herói. Vamos subir mais um patamar! Você sabe que muita gente, para fugir da desarmonia familiar, deixa-se rolar pelas águas do vício. E isso resolve?

Você: Oh, como lamento as dores que causei à minha família! Sim, eu vou sanar todos esses danos.

Jesus: Os frutos do espírito que são caridade, paz e mansidão vão brotar em você, pois só o amor liberta. Já que o amor entrou em sua vida, comece a descobrir os valores que sua família tem. Cada um, lá em sua casa, espera pelo seu amor, pelo seu carinho, pela sua compreensão. Eles também têm sede de serem amados. Por favor, como é que você lê em 1Cor 13?

Você: Se falar as línguas de homens e anjos, mas não tiver a caridade, sou como bronze que soa ou tímpano que retine. E se possuir o dom da profecia e conhecer todos os mistérios e toda a ciência e alcançar tanta fé que chegue a transportar montanhas, mas se não tiver a caridade, nada sou.

Jesus: Ame e você viverá!

Exercício de mentalização: (primeiro leia o exercício e, a seguir, ponha-o em prática): *Feche os olhos e vá visualizando cada pessoa de sua família, descobrindo o valor de cada uma delas, como também suas boas qualidades. Descoberto tudo de positivo que possuem, agradeça ao bom Pai que lhes proporcionou tudo isso! Terminado o exercício, procure preparar o ambiente para um encontro real com a sua família, reconciliando-se com todos.*

 Oração final (veja no final da novena)

6º dia – Sexto patamar: em vez de viver uma religião só de verniz, viva-a de corpo e alma

 Oração inicial (veja no início da novena)

Jesus: Meu filho, conheço suas fraquezas, mas conheço também o seu bom coração.

Você deve estar percebendo que, além do amor à família e aos amigos, precisa também viver a sua fé em comunhão com seus irmãos. Muita gente, com a desculpa: "mas, eu tenho muita fé", vai vivendo uma crença abstrata, longe dos irmãos e sem seguir religião alguma. Filho, acha você que é um convertido aquele sujeito que é religioso apenas de nome? Se eu cheguei a morrer por amor de você, por que você também não vai me amar? "Quem aceita os meus mandamentos e a eles obedece, esse é quem me ama" (Jo 14,21). Portanto, para sair de seu caminho de morte, volte a viver sua fé! Arrependa-se e comece confessando os seus pecados a um de meus sacerdotes!

Você: Jesus, como é gratificante saber que o Senhor é o Bom Pastor que se interessou por mim, mesmo estando eu longe do Senhor. Prometo viver minha religião de verdade. É a sua bondade que me leva ao sexto patamar para viver a religião de corpo e alma e não mais uma religião apenas de verniz.

Testemunho de uma mãe: Em 1977, faleceu em Santa Rita de Caldas (MG) um grande santo, o Pe. Alderígi. Era o santo da alegria, que amava festas, bandas e sinos. Era também o santo do confessionário. Passava horas e horas atendendo os pecadores. Até mesmo o seu almoço ele o tomava no confessionário para não perder ninguém que dele estivesse precisando. Mas como ele sofreu, convivendo com um pai bêbado! Quase todas as manhãs o sacerdote era acordado com os gritos do pai alcoolizado. Esse santo, já em vida, era conhecido por seus milagres. Agora, quando o processo de sua canonização está adiantado, mais e mais milagres estão surgindo através de sua intercessão. Veja um deles, escrito em 1998: "Eu, Leonina, quero deixar registrado aqui uma grande graça, alcançada através da alma poderosíssima do Pe. Alderígi: Tenho uma filha, vítima do vício da bebida por 22 anos, causando dentro de casa os maiores escândalos e aborrecimento. Com grande dificuldade consegui formá-la, tornando-se uma ótima contadora. Mas, com o grande flagelo da bebida, acabou perdendo diversos empregos. Por fim, perdeu tudo. Mas me apeguei ao Pe. Alderígi. Alcancei a graça por sua intercessão, e já faz quase quatro anos que ela vive sóbria e trabalhando". (ass.:) Leonina Ferreira da Silva. (Conheça mais esse santo, filho de pai alcoólatra, lendo dois livros, publicados pela Editora

Vozes: *Alderígi, gigante com olhos de criança* e *Alderígi, perfume de Deus em frasco de argila.* Há também a *Novena pedi e recebereis*, também da Editora Vozes, que traz os escritos desse santo e nove milagres que ele fez, para reavivar a sua fé.)

 Oração final (veja no final da novena)

7º dia – Degustando da beleza do sexto patamar – Procure um sacerdote e a sua alma ficará mais brilhante do que o sol

 Oração inicial (veja no início da novena)

Você: Meu Senhor Jesus, eu sei que o Senhor é só misericórdia para com todos os seus filhos. Fiquei sabendo que o seu presente dado à Igreja, logo depois de sua Páscoa, foi o Sacramento da Confissão. "**A quem perdoarem os pecados serão perdoados**" (Jo 20,23).

Jesus: Pois é, meu filho. Eu estou esperando por você, na pessoa do sacerdote, para lhe perdoar todos os seus pecados, através de uma santa confissão. Prepare-se para fazê-la bem-feita. Para isso, primeiro interiorize-se e faça o seu exame de consciência, isto é, procure lembrar de todos os seus pecados. Em segundo lugar, arrependa-se de todo o mal que você praticou, uma vez que tudo isso ofendeu a mim que sempre o amei. Depois do arrependimento, procure um sacerdote, pedindo-lhe o favor de atendê-lo em confissão. Ao se ajoelhar para se confessar, diga ao padre: "Padre, ajude-me, pois estou trazendo um grande problema que me aflige muito. Eu quero melhorar". Aí você abre o coração e confesse todo o mal que você cometeu. Então, através dele, eu vou lhe perdoar tudo e sua alma se tornará mais brilhante que o sol e você vai sentir toda a beleza do sexto patamar.

Você: Como o Senhor é bom! Eu creio que maior que os meus pecados é o seu infinito amor por mim. Por isso, vou procurar o Sacramento da Confissão. Depois, eu posso, cheio de confiança, descansar minha cabeça sobre o seu coração!

 Oração final (veja no final da novena)

Missão a cumprir: *Prepare-se para fazer uma linda confissão. Depois, cheio de confiança, procure o sacerdote e faça-a.*

8º dia – Sétimo patamar: quem come no banquete da Eucaristia viverá eternamente

 Oração inicial (veja no início da novena)

Jesus: Filho, como eu estou contente com você! Você realmente está experimentando o poder de minhas palavras: "Os que esperam em mim renovam as suas forças, sobem com asas como águia, correm e não se cansam, caminham e não se fadigam" (cf. Is 40,31).

Você: Jesus, estou feliz, uma vez que a sua graça me levou a perdoar meus inimigos e a encontrar a minha família. Mas como poderei levantar voo se vou andando um tanto só? Tenho orado, mas as coisas ainda não têm acontecido bem como eu gostaria.

Jesus: Como conseguir alguma coisa, se você fica orando sempre e se esquecendo de fazer a sua parte? Ainda não percebeu que, se o enfermo fica só rezando e não procura o médico, ficará a vida toda na cama? Procure viver a religião, cuja essência está na vida de comunhão com os irmãos, e aberto para a solução dos problemas sociais! Eu curo e estou agindo através da vida religiosa, unido aos irmãos de fé. Eu curo e estou agindo nos grupos e nas comunidades terapêuticas. Eu estou agindo principalmente em sua comunhão, pois eu "sou o Pão Vivo descido do céu. Se alguém comer desse pão viverá para sempre. E o pão que eu darei é a minha carne para a vida do mundo" (Jo 6,51).

Você: Jesus, o Senhor está certo. Em vez de eu beber da fonte de água pura, eu preferi beber de fontes envenenadas. Reconheço meu erro e a presunção de querer me livrar dos males, confiando só em mim. Sem os irmãos e sem o Senhor eu não sou nada. Sinto necessidade de procurar novos amigos, amigos que semanalmente participam da missa para comer do pão descido do céu.

Jesus: Vá em frente! Aquela que mais viveu unida a mim, Maria, minha mãe, ela espera pela sua santa comunhão.

Você: Tendo eu já me confessado e conhecendo agora o valor da Eucaristia, prometo participar das missas e nelas receber o Pão Vivo descido do céu. Viva a vida! Ela é união com o Senhor e com todos os outros.

Oração final (veja no final da novena)

Último dia – Só alegria, porque nasceu o sol

Oração inicial: Glória ao Pai, glória ao Filho, glória ao Espírito Santo porque, prometendo sobriedade dia por dia, consegui com Jesus escalar o último patamar do Monte Tabor! *(Agora, visualize Maria vindo ao seu encontro.)* Mas quem estou vendo? Ai que alegria, que amor! É Maria Santíssima caminhando até a mim! – Minha Mãe, que sempre me encorajou nesta caminhada, como eu amo a Senhora! Maria, seu filho me deu a mão e os sete patamares foram vencidos e hoje estou deslumbrado. Cada dia eu vou renovar o meu propósito: "Por hoje vou ser sóbrio". Guarde-me neste propósito e me proteja!

Maria: Meu filho, você se esforçou e realizou o que eu sempre sonhei para você. Pedro que subiu essa montanha também ficou deslumbrado e queria ficar aqui, a vida inteira. Mas não era isso o que meu filho queria. O desejo dele era que todos descessem da montanha e, lá embaixo, dessem força aos que aspiravam subir até aqui. Diferente de Pedro que pensava em felicidade só para ele, desça da montanha e procure os que lá embaixo ficaram! É através de você que Jesus vai trazer para essas alturas muitos e muitos outros que ainda continuam amarrados na planície da infelicidade. Por favor, faça o que o meu filho fez! Ele viveu para servir e não para ser servido.

Você: Querida mãe do céu, que lindo! Jesus é o meu Mestre e **eu também quero fazer o que Ele fez** e levar minha felicidade àqueles que a procuram. Mil louvores a Ele e à Senhora também. Amém.

Sugestão da sabedoria: Planeje já agora por onde começar esse trabalho de recuperação de muitos dependentes! Informe-se de grupos já existentes que se ocupam desse serviço tão importante. E, para se preparar para tanto, proclame comigo o hino que lembra que Deus é Amor e que somente no amor sua vida terá sentido: **"Se falar as línguas de homens e anjos, mas não tiver a caridade, sou como bronze que soa ou tímpano que retine"** (1Cor 13,1). Amém. Aleluia!

Você (oração final): Já que é assim, liberto do mal que me dominava, quero celebrar a salvação com um dos hinos dos primeiros cristãos: *(se possível for, aclame esse hino a Cristo, junto com outras pessoas convidadas por você)* "Cristo é a imagem do Deus invisível, o Primogênito, anterior a qualquer criatura; porque nele foram criadas todas as coisas, tanto as celestes como as terrestres, as visíveis como as invisíveis. [...] Porque Deus, a Plenitude total, quis nele habitar, para, por meio dele, reconciliar consigo todas as coisas, tanto as terrestres como as celestes, estabelecendo a paz pelo seu sangue derramado na cruz" (Cl 1,15-16.19-20). Jesus e Maria, estou feliz. Obrigado. Com a sua proteção, hoje serei fiel à graça recebida. Amém. Aleluia!

***

Entidades de apoio a viciados

Al-Anon
http://www.al-anon.org.br/novosite/
Para familiares e amigos dos alcoólicos

Alcoólicos Anônimos
http://www.alcoolicosanonimos.org.br/
Alcoólicos Anônimos é uma irmandade de homens e mulheres que compartilham

suas experiências, forças e esperanças, a fim de resolver seu problema comum e ajudar outros a se recuperarem do alcoolismo.

Amor Exigente
http://web.onda.com.br/charlesb/amorexig/index.htm
Uma proposta de educação destinada a pais e orientadores como forma de prevenir e solucionar problemas com seus filhos ou alunos.

Fazenda do Senhor Jesus (Campinas)
www.fazendadosenhorjesus.org.br/

Fazenda Esperança (Guaratinguetá)
Atendimento masculino: Tel.: (12) 3133-7200 – info@fazenda.org.br
Atendimento feminino: (12) 3128-6281 – guará.f@fazenda.org.br

Narcóticos Anônimos (NA)
http://www.na.org.br/portal/
NA é uma irmandade mundial, sem fins lucrativos, ativa em mais de 130 países. Somos adictos em recuperação, que nos reunimos regularmente, sobrevivendo a todas as adversidades. Percebemos que, finalmente há esperança para nós.